AF297949

LE
SVRVEILLANT
DE CHARENTON

Aux Citadins de la Rochelle, SALVT,
& amendement de vie.

*Viuat Rex in æternum, vt conculcet pedibus
omnes inimicos suos.*

M. DC. XXII.

AVX CITADINS
DE LA ROCHELLE.

CERTES (mes plus que tres-reformez Seigneurs)
c'eſt à ce coup ſi ie l'oze dire que vous en auez
dans les feſſes auec voſtre belle aſſemblée de foin.
Que diable penſez vous faire de conchier ainſi l'an-
cienne reputation de vos Peres, qui vous ont acquis
tant de beaux priuileges, pour auoir iadis en vaillans
champions maintenu les Lys & la noble banniere de
France contre les Leoparts d'Angleterre? C'eſt le fa-
lot de ces vieux Perpignans là qui vous deuroit eſclai-
rer pour ne donner pas du nez en terre, ainçois pour
vous redreſſer en deuoir, & vous faire marcher
droicts & tendus, comme ſi vous auiez aualé chacun
vn eſchalas. Si cela eſtoit, comme il n'eſt pas vous ne
reſſembleriez nullement à ces autres venerables Ro-
cheloisleurs arriere-neueux, qui fir ent en leur temps
ce beau tintamarre dans voſtre ville, contre les Offi-
ciers de la gabelle. Ce fut lors que ces bons Citoyens
ſe veirent àla veille d'eſtre equipez d'vn certain hauſ-
ſe col ſans la miſericorde du grand Roy François, qui
leur fiſt l'honneur de les ſauuer du gibet, & qui par
excez de la Clemence Royale leur rendit leur cloches
leur artillerie, auec toute la pompeuſe fanfare de voſtre Mairye, qui vous fait ainſi trancher des Repu-
« blicains Et le Roy (ainſi que remarque du Bellay)
« aſſis en ſon Tribunal, & iceu ayans les teſtes nuës,
« les mains iointes, & les larmes aux yeux, auec ceux
« des Iſles prochaines, firent faire vne Requeſte par

» blique demandans misericorde,&c. A la mal-heu-
» re (disoyent ces miserables par la bouche de leur
» Aduocat) nous nous sommes tant oubliez que de
» commettre chose qui nous a faict encourir vostre
» indignation,& perdre vos bonnes graces,& en la re-
» putation en laquelle par le passé nous auons esté,
» tant enuers vous que vos predecesseurs , pour estre
» spectacle à tout le monde de desloyauté & de des-
» obeissance,pour laquelle, S I R E ,nous vous suppliōs
» tres-humblement nous vouloir faire misericorde,
&c. C'est proprement de ceste engeance là que vous
auez la mine d'estre vrayement esclos. Aussi deux
Singes tout d'vne mesme ventree ne se ressemblent
pas mieux l'vn l'autre, que vous imitez ces derniers
progeniteurs. Vray est que vous les deuançez d'vn
eschellon,en ce que vous estes beaucoup plus illumi-
nez en faict de reuolte,que n'estoyent pas ces Turlu-
pins là ,qui ne portoyent leurs hauts de chausses qu'à
la matelotte, ou vous autres Citadins plus ciuilisez,
vous sçauez auiourd'huy vous habiller à la Flaman-
de,auec la iolie fraize d'Hollande. Car ceste bouta-
de qu'ils firent pour mettre du sel au pot à bon marché,ne fut qu'vne chaleur de foye, dont ils n'eurent
pas plustost faict la faute,qu'vn Miserere les saisit in-
continent,auec des tranchees aussi fortes que s'ils
eussent eu dans les boyaux toutes les grenoüilles de
vos marests. Vous autres,dis-ie,estes bien plus spi-
rituels qu'eux en faict de felonnie,parce que de sang
froid,y ayant songé & refuté tout à vostre ayse, vous
sçauez non vne fois,mais coup sur coup,faire petara-
de à tout ce qu'on vous commande , ny ayant ny Ser-
geant à verge ny à cheual qui vous puisse faire obeyr
depuis que vous auez vne fois mis vostre bonnet de
trauers. Cela de vostre grace (mes bons Seigneurs)

auez vous viſiblement fait paroiſtre en ceſte inſolen-
ce qui vous a faict ouurir vos portes à ceux qu'on ne
vouloit mie que vous receuſſiez, Ie ne ſçay pas comme vous l'entendez, mais ie vous reſpons que mon
compere, le Sire Mardochée Pouſſetripe, s'en forma-
liſe grandement, & tient que ſuyuant le verſet de noſtre breuiaire.

Enregiſtre ſera miſe   Pro.
Vne ſi haute entrepriſe   102.
Pour en faire ſouuenir
A ceux qui ſont à venir.

Quelle mouſche gueſpe vous peut auoir picqué
les genitoires, pour vous faire tremouſſer de la façon?
Ie trouue quand à moy, ceſte procedure non moins
eſtrange, que ſi ma femme portoit ſon chaperon à ſes
pieds, & ſes ſouliers à ſa teſte, Ie ſuis auſſi pour voir
bien plouuoir ſur voſtre mercerie, ſi triſtes & repen-
tans vous ne dites voſtre *Mea culpa*, encores que vous
ne l'ayez iamais apris. Car helas, bonnes gens, à qui
vous penſez vous frotter? Il faut que vous ſoyez a-
ueugles comme des taupes, ſi ne voyez que la France
à auiourd'huy vn ieune Maiſtre, qui n'eſt pas pour
endurer des nazardes de ſes ſubiets, comme ces Roys
faineans qui ſe laiſſoyent tondre, & qu'on fourroit
dedans vn cloiſtre On dit de ſon Pere, qu'il vſoit
plus de bottes que de ſouliers : mais ie vous promets
que le Fils eſt pour l'encherir deſſus le Pere de plus de
douze carrots Il eſt vert, actif, vigilant, ſobre, continent, & d'vne humeur ſi rompuë à la fatigue, que cou-
cher ſur la dure, ou quelquefois ſur la paille fraiche.
ne luy couſte non plus, que d'eſtre en canipagne depuis le matin iuſques au ſoir, quelque temps qu'il fa-

ce, soit vent, soit gresle, soit chaud, soit froid, comme
il l'a bien fait voir à ceux qui l'ont fait monter à cheual ceſt eſté dernier. Et entr'autres, il n'en faudroit
que demander des nouuelles à nos fidelles du pays de
Bearn, qui n'ayans fait que lanterner auec toutes leur
remiſes depuis deux ou trois ans, ont enfin veu plu-
ſtoſt qu'ils ne penſoyent ſur la frontiere du Royaume, celuy qu'ils s'imaginoyent ne deuoir bouger de
la gallerie du Louure, ou du parc S. Germain pour le
plus loing. Maudit ſoit auſſi qui plaint ces gens là. Ils
ont ce que leur reuerence merite pour leur apprendre
à beſſler ainſi le monde. S'il euſſent fait ioug en temps
& lieu, ils auroyent encor ce Nauarrins qui leur tient
ſi fort au cœur que iamais pilule d'aloës ne leur couſ-
tatant à aualer. Et de vray c'eſtoyent de vrays ma-
rouſles que de s'opiniaſtrer tant ſur le reuenu des
Preſtres: veu que les Miniſtres nous content goguet-
tes contre les Miniſtres de la Papauté : mais par m'en
da, eux meſmes la trouuoyent ſi graſſe & ſi bien aſſai-
ſonnée, qu'ils s'en ſont lechez les doigts cinquante
bonnes annees durant : Ceſte charité là n'eſtant pas
trop mal reformée, qui deſire autant pour ſoy vn fri-
and morceau que pour ſon voiſin. Voyla enfin où
la deſobeiſſance à rangé ces bons François, ayant fal-
lu que l'ongle du Lyon ſoit allé faire ce que l'accor-
uſſe du Reguard n'auoit peu mettre à fin pour ample
& bien ſellee qui fuſt ſa commiſſion.

C'eſt pourquoy, Meſſieurs nos Metropolitains, ie
preuoy en mon Almanach, qu'on eſt pour donner ſur
voſtre friperie vn de ces matins, ſi vous ne reparez
comme vne mauuaiſe orniere la lourde, & plus que
lourde faute que vous auez faicte, d'auoir reçeu en
voſtre ville, ces beaux deputez des Prouinces, contre
l'expres commandement du Roy, qui enfin ſera con-
traint de s'approcher de vous, & de faire vne impoſi-

tion de mains comme s'il auoit à vous guerir des eſ-
crouelles. Ne vous y iouez pas ſi vous m'en croyez.
C'eſt vn Prince qui n'entend point raillerie & qui veut
eſtre obey en vn mot, & ſans barguigner ſi iamais
Prince le voulut eſtre, Ce n'eſt pas qu'il ne ſoit autant
gracieux & débonnaire aux humbles, qu'il eſt ſeuere
aux orgueilleux, & qu'il reſiſte aux ſuperbes. Or de
penſer que pour vos beaux yeux, tout ce qu'il y a deçà
Loire, où ailleurs, ſe mettent en peine, & en face vn pas
ce ſeroit vous tromper. Ie vous diray ſur cela que l'autre iour ſoubs les Charniers ſainct Innocent, en atten-
dant que la pluye paſſaſt, i'entretins vn petit homme
eſcarbilat, qui s'amuſoit à lire des Epitaphes auec ſes
lunettes, & m'accoſtant il admira d'abord le bon marché que i'auois eu d'vn couple de ſoles, que i'ache pris
à la halo, n'en mangeant que le Samedy au ſoir, qu'en
les vent la moitié moins que le Vendredy, dont ie n'ay
pas grand penſement, parce qu'en franc huguenot, i'ay
de couſtume d'aller ce iour-là par terre, tout au re-
bours des Normans qui vont par eau, & ne fient leur
procez que ſur le plancher des vaches. Ce petit Rondi-
bilis donc enflé comme vn balon, diſcourant en ſon
patois, car ie croy qu'il eſt Pericordin, miſt les deux
pouces en ſa ceinture, & me fiſt moitié en riant, moy-
tié en collere, cent & cent interroguats ſur nos affaires, & notamment ſur nos Conſeils, & ſur nos Cercles
qu'il improuue grandement, ayant, diſoit il, eſtè for-
gez par Belzebut, & par Aſtarot, pour faire ſauter,
comme auec vne fauſiſle tous les fondements de l'E
ſtat.

Et quand ie luy demandois à mon tour, ſi pour ceſte equippée de Rochelois, & de noſtre Aſſemblée, on
en vouloit à tout le corps de noſtre Religion, il me re-
ſpondit en homme graue, poſé, raſſis, & qui à peine ſe

pent bouger d'vne place, que ceste place là n'estoitpas
vne affaire de Religion mais bien vn cas de faction.
,, Q'on ne vouloit toucher à la liberté de nos consci-
,, ences non plus qu'au Threlor fainct Denis, ny pas
reuocation d'Edict, ou autrement: Mais qu'on auoit
,, seulement intention de refrener certains brouillös
,, & perturbateurs du repos public. qui soubs de faux
,, pretextes voudroient ruiner la Monarchie. Si bien
,, qu'à ouyr cajoler ce petit Docteur de fainct Inno-
,, cent, il semble qu'il soit fort instruict en nos myste-
res, iufqu'à medire vne chofe qui n'est pas trop hors
d'apparence. C'est qu'en vn mot nous aurions dessein
,, qui nous laisseroit faire, de dresser dans l'Estat, vne
,, forme de gouuernement populaire, que les Clercs
,, entre nous appellent Democratie, & que nous ne
,, voudrions non plus de chef aux choses politiques,
,, que nous nen recognoissons au regime de nos Egli-
,, fes, fuiuant le dire d'vn Prince reformé, *point d'Euef-*
,, *que, point de Roy.*

Ce langage neantmoins me resiouyt toute la caillet-
te, oyant qu'on n'en vouloit pas aux bons Huguenots
mais seulement aux factieux, aux mutins, & à ces
branqueteurs de villages, qui craignent comme la
foudre, la salutation des Cheualiers de la barriere de
S. Honoré, chargez qu'ils font de debtes, autant oy
plus que mon petit chien l'est de galle fur le dos. Ie ne
m'estonne pas aussi s'ils cerchent le trouble pour s'y
mettre a couuert, ne plus ne moins qu'vn couppe
bourfe fe sauue dans la foule au marché quand il a fait
son coup. Cela estant donc vray, comme il est, qu'on
n'en veille point à nos consciences, & quon les laisse
aller a droit ou à gauche comme bon nous semblera,
Ie vous baife les mains Messieurs de la Rochelle, vos
affaires font faites. Car qui seroit le fot, qui pour vos
interest

interefts fe voudroit charger de maigre en voftre
quartier? Qui feroit le badaut & mal aduifé Gentil-
homme de vos voifins, qui pouuant gaudir le Papat
chez foy & rotir des marrons a fon foyer, s'en iroit de
gayeté de cœur enfermer dans vos murailles, laiffant
derriere luy fa femme, fes enfans, fes chapós, fes coqs
d'indes, le vin de fa caue & blé de fon grenier à la mer-
cy des foldats affamez comme des chaffeurs, & alte-
rez comme la bourfe d'vn Procureur, ou d'vn Aduocat? O qu'il feroit beau voir ces gofiers pauez, s'exiter
à bien faire entre deux traicteaux, & fe dire l'vn à l'autre en fe mocquant de nos Pfeaumes.

Ouure feulement,
Ta bouche bien grande
Et foudainement
Esbahy feras
Que tu la verras
Pleine de viandes.

Tout cela auffi feroit raclé en vn vire main outre
l'heritage qni couroit fortune d'eftre confifqué, &
toute vne panure race qui degradee de Nobleffe,
payeroit la taille cóme de vilains. Croyez moy, Meffieurs, & vous croirez vn fol, maiftre Gonin eft mort,
le monde n'eft plus grue. Ce n'eft pas pour vous que
le four chauffe. Ne vous attendez nullement que la
Nobleffe vueille ainfi fe ruyner à plaifir. Et encores
pour qui, non pour fon Roy, non pour fa Patrie, non
pour ceux de fon Ordre, mais feulement pour des vé-
deurs de moruë? Car excepté la marpaille de voftre
ville, i'ay ouy dire que les plus honneftes gens d'entre
vous, & qui ont dequoy perdre, gemiffent en leur

 aïe de voir ces desordres, tres-marris qu'ils sont de
n'y pouuoir remedier, & s'opposer à deux ou trois tei-
gneux de Ministres, qui sont feu par la gorge tant elle
leur demange, & qui seuls sont reputez estre cause de
tout ce Chariuary. Les Gentils-hommes de la cam-
pagne se gardans donc bien de desgainer leur brag-
mart pour establir la domination de quelques Trupe-
lus de ville qui les feroyent puis apres seruir eux mes-
més côme des Laquets, ie ne sçay d'ou vous pourriez
esperer de secours d'ailleurs, si ce n'estoit de quelques
Galefretiers des Isles, qui ne demanderoyent autre
chose que de venir manger du pain blanc leur saoul à
vos despens. O les honnestes hostes que les Bourgeois
de la Rochelle auroit chez luy! Mais il y a vne petite
doute à resoudre au Consistoire, qui est a sçauoir si
ces Goinfres ayans fait ripaille l'enuie les prenoit de
se vouloir resiouyr auec la maistresse du logis, s'il ne
seroit pas permis en ce cas là au pauure mary de chan-
ter ce beau cantique.

Mais cependant ma corne,
En haut tu leueras
Et marcher me feras
Haut comme vne licorne.

Tout en goguenardant ie vous dy vne partie du mal
que la guerre comme vne comette cheuelue traine
apres soy. Songez y donc & y pensez plus d'vne fois
sur vostre chiquet, auant que vous embourber plus a-
uant. Car en fin, voir vos maisons en poudre, voir vos
biens fourragez, voir la pluspart de vos habitans, ou
morts, ou estropiez, sont les roses & les Fleurs d'vne
ville qu'on assiege, & qu'on prend par force, tellement
que vous pourriez dire lors de la Rochelle.

Las elle est en cendre reduite,
Elle est entierement destruite.

Ie ne vous mets en ligne de conte les autres desola-
tions d'vne ville mise à sac. Representez vous seulement pour bon ordre qu'on y sceust mettre, de quel
air vos filles & vos femmes seroyent baudouinées, ta-
rabustées, & hallebrenees. Elles le seroyent bien certe
tant & tant que celle à dix ans de là gringotteroit entre ses dents.

I'en porte encor la marque iusqu'aux os   129
Tant qu'à me voir semble qu'vne charuë
M'ayt labouré tout au trauers du dos
Fichant le soc en ma pauure chair nuë.

Vos Peres se … t veus autresfois à deux doigts du
precipice. To… ela, & encor pis vous pourroit bien
arriuer en nos iours, tant vous estes longtemps en
mauuais predicament. S'il y à, dit on, quelque Mal-
content dans le Royaume, ce sont les Rochelois qui
le protegent & l'eschauffent comme dans leur sein.
On en apporte pour exemple le recueil que vous fistes
au Duc d'Anjou, à qui vous dōnastes dix mille francs
le voyant mutiné, & les armes en la main contre le
Roy son frere, & louant [nous apprend la Popeliniere]
ce qu'il auoit si sainctement entrepris, vous l'asseu-
riez qu'il seroit assisté de la faueur & grace speciale de
Dieu, & que les gens de bien & zelateurs du repos du
Royaume, ne luy manqueroyent en rien, non seulement de leurs moyens, mais de ce qu'ils ont de plus
cher en ce monde. Ce n'est pas à dire que pour luy
bailler ainsi du plat de la langue, que quand ce Prince
voulut faire du maistre, & establir quelque ordre par-
my vous, vous ne luy sceussiez tresbien faire entendre
que vous n'auiez iamais recogneu pour le faict du

gouuernement Politique, que voftre Mayre, & que
c'eftoit le principal point devosPriuileges qu'il auoit
protefté de vous conferuer. Ie ne vous veux pas re-
procher ce que vous auez fait de plus fraifche debte
en faueur d'vn autre, non plus que le débris de l'Af-
femblée de Bearn, que vous recüeilliftes en voftre ville. On voit affez par ceft efchautillon qu'en voftre
obeiffance a qui que ce foit il y à toufiours des refer-
ues & conditions. C'eft en vn mot que vous ne voulez
faire que ce qu'il vous plaift,& ne voulez auoir autre
Chef que voftre phantafie: Mais ie voy bien que vous
n'eftes pas pour en demeurer en fi beau chemin, ou la
corde rompra. Dieu fçait comme ie voy le monde ef-
chauffé à vous haller des leuriers à la queue. On croi-
ra d'aller aux nopces, hays & mal voulus que vous e-
ftes. Ie croy que vous vous tenez bien pour mandez
que celuy que par honuefteté vous appellez le Loup
gris ne fe feindra pas à vous chauffer les efperons de
pres; vous ayant defia fait tafter de ce qu'il fçait faire
en ce meftier, Faictes tant les Rodomonts & les fen-
deurs de nazeaux que vous voudrez, on fçait de quel
bois vous vous chauffez. Perfonne n'ignore que ce
ne foit l'ordinaire des peuples d'eftre braüaches &
infolents fur le paué, tant qu'ils fentent le mal loing.
Mais s'ils le voyent vne fois arriué à la porte, le nez
leur feigne, la peur les faifit, & leur fait le plus fouüet
tout lafcher en leur chauffes. De maniere, Meffieurs,
que vous voyla en beaux draps. Car, comme ie vous
ay dit, de confeil qui vaille *Vbi prenus?* Qui branfléra
pour vous, puis qu'il n'y va point de la confcience, &
qu'il n'eft queftion que de chaftier des galans qui fe
mutinent a chaque bout de champ? Pour nos grands
ils fçauent que ce n'eft pas Monfieur voftre Mayre
qui fait des Ducs, des Payrs, des Marefchaux de Fran-

ce, & qu'il n'y à point de Thresoriers de l'espargne à
la Rochelle qui payent des pensions. Pour le Fabius
des Allobroges, il n'est pas homme qui se brouille vo-
lontiers dans de mauuais partis, aymant la Royauté
comme il faict, & n'ayant iamais souffert que ses Pre-
dicans se soyent meslez d'autre chose que de Pres-
cher; Ce qui semble estre vn grand acheminement
pour luy faire manger du pain-benist si l'appetit luy
en dit. Quant au Vulcan des Ardennes la goutte l'as-
siegera si Dieu plaist si serré dans son grabat, qu'il ne
sera pas en estat de vous seruir beaucoup, sinon de
quelques memoires, plustost que du sang de la bour-
se. Mais si de hazard il se vouloit mesler de pis, comme il est d'vn naturel assez enclin à bien faire, ie luy
baillerois de nostre psautier pour estrennes.

Ainsi comme eau dedans son ventre
Tout malheur decoule & y entre
Et comme huile penetratiue
Iusques dedans ses os arriue
Et soit continuellement
Sa ceinture en son vestement.

Tous les autres vieux Dabos de nostre Religion
ont pignon sur rue. Ils sont trop pleins & trop gorgez
pour mesler côme on dit le bon argent auec le mauuais. La cômune Noblesse d'autre costé ne veut pour
Maistre qu'vn grand Roy, & n'auroit guere affaire de
se mettre à l'hopital pour ces petits Marchandeaux
de ville, qui feroyent conscience de luy faire credit
d'vn habit de satin si le fermier ne s'oblige. Tout secours vous manquant ainsi au dedans du Royaume
en pourriez vous attêdre dauantage du dehors? Vous

ſçauez bien que le Roy d'Angleterre eſt de ſerment
de n'aſſiſter iamais ſuiect contre ſon Prince,& n'eſt
pas croyable qu'il vueille faire pour des gens de voſtre eſtoffe,plus qu'il n'a faict pour Mōſieur ſon gen-
dre,à qui nous auons veu faire ceſte belle tire-laiſſe
de la Couronne de Boheme. Pourtant ne vous pro-
mettez vous rien de ce coſté la,parce que ce bō prince veut regner pacifique,comme il s'eſt heureuemēt
eſtably ſans coup ferir, & ne croy pas que vous le
voyez iamais paſſer la Mer pour venir troubler le repos de ſes voiſins, quoy que noſtre Patriarche de
Saumur le coniure d'aller en diligence fourrager Ro-
me,& y bouleuerſer le ſiege du pape , comme s'il ne
falloit que ſiſler en paulme pour en venir à bout.Mal
ayſement auſſi s'accorderoit-il auec nos Miniſtres
François,puis qu'il à dit de ceux d'Eſcoſſe,leurs ca-
marades de doctrine & de diſcipline,qu'en leurs ſer-
mons il eſtoit ſouuent calomnié,non point pour mal
qu'ils trouuaſſent en luy,Mais ſeulement parce qu'il
eſtoit Roy,ce qu'ils luy imputoyent à grand crime,
Quand aux Holandois,ils ont d'autres eſcuelles à la-
uer que de penſer à vos affaires,comme ont auſſi les
proteſtans d'Allemagne,ſur tout à ceſte heure qu'ils
voyent qu'on ioüe ainſi au Roy deſpouillé en leur
pays.

Tellement que ie concluds qu'eſtans abandonnez
de toutes parts,vous ſerez battus comme ſeigle vert
ſi vous donnez la peine qu'on s'approche de vous,
Toutesfois non,car le bruit court que vous eſtes des-
ja heureuſement aſſemblez pour y apporter quelque remede,& direz tous auec le prodigue, *Peccaui*, ce
que ie vous conſeille pour euiter à tout perilleux
accident. Que le bouleuert de l'Euangile ſe def-
fende donc comme il voudra : Car pour moy,Maudit

ce, & qu'il ny à poiut de Threforiers de l'efpargne à
la Rochelle qui payent des penfions. Pour le Fabius
des Allobroges, il n'eft pas homme qui fe brouïlle vo-
lontiers dans de mauuais partis, aymant la Royauté
comme il faict, & n'ayant iamais fouffert que fes Pre-
dicans fe foyent meflez d'autre chofe que de Pref-
cher, Ce qui femble eftre vn grand acheminement
pour luy faire manger du pain-benift fi l'appetit luy
en dit. Quant au Vulcan des Ardennes la goutte l'af-
fiegera fi Dieu plaift fi ferré dans fon grabat, qu'il ne
fera pas en eftat de vous feruir beaucoup , finon de
quelques memoires, pluftoft que du fang de la bourfe, Mais fi de hazard il fe vouloit mefler de pis, comme il eft d'vn naturel affez enclin à bien faire, ie luy
baillerois de noftre pfautier pour eftrennes.

Ainfi comme eau dedans fon ventre,
Tout malheur decoule & y entre
Et comme huile penetratiue
Iufques dedans fes os arriue
Et foit cont inuellement,
Sa ceinture en fon veftement.

Tous les autres vieux Dabos de noftre Religion
ont pignon fur ruë. Ils font trop pleins & trop gorgez
pour mefler côme on dit le bon argent auec le mauuais. La cômune Nobleffe d'autre cofté ne veut pour
Maiftre qu'vn grand Roy, & n'auroit guere affaire de
fe mettre à l'hopital pour ces petits Marchandeaux
de ville, qui feroyent confcience de luy faire credit
d'vn habit de fatin fi le fermier ne s'oblige. Tout fe-
cours vous manquant ainfi au dedans du Royaume
en pourriez vous attêdre dauantage du dehors. Vous

en ce liberté. Dieu gard de mal qui nous y laisse viure
Ce n'est pas toutesfois que si on me pressoit de la qui-
ter, ou de vuider Paris que ie ne demandasse quinzai-
ne pour y aduiser. Car de sortir miserable de ma ta-
niere ou hors du Royaume pour aller tourner la bro-
che à la cuisine du prince Palatin froide quelle est
maintenāt c'est vne chose où ie ne me pourrois resoudre. Aussi ne sōmes nous plus au tēps de nostre Eglise
primitiue, il y a enuiron cinquāte ans que la Noblesse
de bonne maison brusloit bagage, & s'en alloit gaye-
ment en Allemagne apprendre à faire des mors de
bride, & des roüets d'arquebuse pour viure. I'ay a ceste
heure les doigts si chargez de nodus, qu'il ne me reste
quasi plus de force que pour tenir honnestement le
verre à la main tant s'en faut que ie peusse manier la
lime, ny forger sur vne enclume. I'estime mesme que
Monsieur du moulin y sōgeroit plus d'vne fois s'il luy
falloit aller manger sa Chanoinerie en Angleterre,
tant il crainct que la liberté du pays ne luy engendrast
la grauelle.

FIN

e
ft
e
e
e
e
le
la
e
y
ft

9 782019 966393